INVENTAIRE
V 42370

COLLECTION
DE FEU
M. JACQUINOT-GODARD
CONSEILLER HONORAIRE A LA COUR DE CASSATION

DEUXIÈME VENTE

OBJETS D'ART
ET DE CURIOSITÉ

Mᵉ CHARLES PILLET & Mᵉ EUGÈNE ESCRIBE
Commissaires-Priseurs

M. MANNHEIM
Expert

CATALOGUE
D'OBJETS D'ART
ET DE CURIOSITÉ

Bijoux en or émaillé et autres, des XVIe et XVIIe siècles ; Pierres gravées
montées et non montées ; Bagues antiques, du XVIe siècle, et autres ;
Argenterie ancienne ; Tabatières ornées d'émaux, et autres ;
Belles Miniatures, etc.

FAISANT PARTIE DE LA COLLECTION

De feu M. JACQUINOT-GODARD
Conseiller honoraire à la Cour de Cassation

DONT LA VENTE AURA LIEU

HOTEL DES VENTES MOBILIÈRES
RUE DROUOT, N° 5
SALLE N° 4, AU 1er

Les Lundi 31 Janvier, Mardi 1er, Mercredi 2, Jeudi 3
et Vendredi 4 Février 1859

A UNE HEURE

Par le ministère de Me **CHARLES PILLET**, Commissaire-Priseur,
successeur de M. BONNEFONS-DE-LAVIALLE,
rue de Choiseul, 11,

Et de Me **EUGÈNE ESCRIBE**, Commissaire-Priseur, successeur de
MM. **POUCHET** et **RIDEL**, rue Saint-Honoré, 217.

Assistés de M. **MANNHEIM**, Expert, marchand de Curiosités,
rue de la Paix, 10.

EXPOSITION PUBLIQUE

Le Dimanche 30 Janvier 1859, de une heure à 5 heures.

—
1859

2e VENTE.

CONDITIONS DE LA VENTE

Elle sera faite au comptant.

Les acquéreurs paieront, en sus des adjudications, CINQ POUR CENT applicables aux frais.

AVIS.

La troisième Vente, se composant de : Belles Tabatières, Miniatures, Matières précieuses et Emaux peints des XVIIe et XVIIIe siècles, aura lieu : les 21, 22, 23 et 24 février 1859.

La quatrième Vente, se composant de : Ivoires, Bois, Ambre et Coraux sculptés ; Tabatières en porcelaine et autres, Miniatures à l'huile et Dessins, aura lieu : les 14, 15, 16 et 17 mars 1859.

La cinquième Vente, se composant de : Chinoiseries, Laques, Armes orientales et autres, Porcelaines de Sèvres, de Saxe, de Chine et du Japon, Bronzes d'art et d'ameublement, Marbres sculptés et matières dures, Meubles divers, Tableaux, Pastels, Dessins et Aquarelles, aura lieu : les 28, 29, 30 et 31 mars 1859.

Les Catalogues de ces Ventes paraitront ultérieurement.

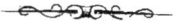

Le Catalogue se distribue :

A PARIS :   Chez Me CHARLES PILLET, 11, rue de Choiseul ;
Me EUGÈNE ESCRIBE, 217, rue Saint-Honoré ;
M. MANNHEIM, 10, rue de la Paix ;

A LONDRES :   M. DURLACHER, New-Bond street, 113.
MM. ANNOOT et GALE, 16, Old Bond street.

PREMIÈRE VACATION

Le Lundi 31 Janvier 1859.

DÉSIGNATION

DES OBJETS

Bijoux divers.

1 — Médaillon ovale, Sainte Madeleine, en bas-relief, vue à mi-corps, profil à gauche, en or ciselé et émaillé ; la figure, les mains et la petite tête de mort sont en agate orientale blanche. Très-beau travail du XVIe siècle.

2 — Médaillon ovale, en or ciselé repercé à jour, émaillé des deux côtés; Suzanne auprès d'une fontaine, dont le bassin supérieur est surmonté d'une jolie petite figurine d'amour, est surprise au bain par deux vieillards en costume romain. Très-joli bijou du XVIe siècle, dans la manière de Dinglinger.

3 — Deux pendants de boucles d'oreilles, en or émaillé, à ornements à feuillages et enroulements, époque Louis XIII, et enrichis de petits brillants, perles d'Orient et pierres de couleur.

4 — Petit pendentif, or émaillé enrichi de diamants, perles, etc., deux colombes se becquetant.

5 — Médaillon composé d'une plaque en agate orientale, ornée d'une peinture à l'huile, Triomphe d'Amphitrite, et montée en vermeil à ornements à fleurs, et à F surmonté d'une couronne et devise.

6 — Médaillon ovale en cristal de roche, contenant au centre, d'un côté une très-fine sculpture sur ivoire, Calvaire; au revers une petite miniature et Portement de la Croix, le tout monté à ornements émaillés vert et bleu, époque Louis XIII.

7 — Médaillon applique, en or à ornements à jour et émaillé, époque Louis XIII, contenant au milieu une grande topaze de forme octogone et taillée à degrés.

8 — Médaillon forme octogone, en or, à filigrane et fleurs, contenant au centre une Sainte Face, émaillée de blanc.

9 — Médaillon ovale, en or blanc ciselé, entouré de nœuds de rubans, orné de huit diamants roses, contenant au centre un bas-relief, Saint Évêque conduit par un squelette, sur fond émaillé blanc.

10 — Petit médaillon ovale, en argent doré, suspendu à trois chaînes, contenant en peinture le blason fleurdelisé et l'agneau pascal.

11 — Cassolette formée d'une perle baroque imitant un poisson, montée en or ciselé et enrichie d'un brillant.

12 — Petit médaillon ovale, à entourage en roses de Hollande et deux petits brillants imitant un nœud, et à une perle fine.

13 — Bourse, forme œuf à pointe, en or massif à ornements repercés à jour, enrichie de roses, rubis d'Orient et perles fines figurant les glands.

14 — Broche en argent doré, ornée de filigrane, et contenant un saphir cabochon.

15 — Médaillon, forme carré long, en filigrane d'or, contenant une miniature, le Saint Suaire soutenu par des anges.

16 — Cassolette, forme sphérique, en filigrane d'argent doré.

17 — Épingle de tête, en argent doré, dont le bout à ornements à feuillages en émeraudes et rubis.

18 — Très-belle montre, sa châtelaine, clef et cachet, en or ciselé, enrichis de bouquets de fleurs en brillants et émeraudes, sur fond jaspe sanguin.

19 — Montre en or émaillé gros bleu avec roses en émail de couleur, et sa châtelaine, à fleurs, émail de couleurs variées, sur fond guilloché.

20 — Montre et sa châtelaine, en marcassite, montées à fleurs et ornements divers.

21 — Montre anglaise, en or, à enroulements finement ciselés, et ornée de rubis et jades taillés en forme de coquilles.

22 — Montre sans mouvement, à cuvette, peinture sur émail, Roi surprenant une femme couchée.

23 — Montre à peinture sur émail, Berger et Bergère.

24 — Montre en or émaillé, à sujet finement peint, Jeune Femme surprise.

25 — Montre en or émaillé par Huaud, Jeune Femme présentant à boire à un seigneur, costume dans le style de Louis XIV.

26 — Montre en or émaillé par Huaud, à sujet finement peint, le Jugement de Pâris.

27 — Montre de très-petite dimension et très-plate, enrichie de pierres fines et peinture sur émail, sujets saints; au centre d'un bijou en or, forme croix, à ornements repercés à jour. Travail moderne.

28 — Montre très-curieuse, dont le mouvement est en ivoire, la cuvette en jaspe héliotrope, et la monture en or vert.

29 — Montre en or uni.

30 — Montre carrée, en cuivre doré, époque Louis XIV, cadran à cartouches émaillés et couvre-balancier, au blason fleurdelisé, repercé à jour et sous glace.

31 — Montre ronde unie, en argent, xvie siècle, et sa double boîte en chagrin à cloutage d'argent.

32 — Montre ovale unie, en argent, xvie siècle, à cadran gravé.

33 — Montre anglaise, en argent, de très-fort calibre, à ornements finement gravés et repercés à jour, et double emboîtage.

34 — Montre anglaise à double emboîtage, en argent, à médaillon, bergerie en repoussé, et ornements très-fins repercés à jour et ciselés.

35 — Pendentif en or émaillé de couleurs variées, composé d'une branche de fleurs, sur laquelle est perché un perroquet.

36 — Une très-grosse montre de voiture, en argent repoussé.

37 — Grand et beau médaillon ovale, en or émaillé bleu turquoise et enrichi de rubis, époque Louis XIII, contenant une belle miniature à l'huile, portrait de femme, attribué à Mignard.

38 — Très-beau médaillon, en or, composé d'enroulements et de fleurs ciselées, contenant une miniature à l'huile, portrait de Marie Leczinska.

39 — Médaillon ovale, or émaillé bleu turquoise, surmonté d'un ruban, contenant une peinture sur émail, époque Louis XVI.

40 — Médaillon ovale à double compartiment, en or, à ornements émaillés gros bleu, contenant une intaille sur sardoine.

41 — Deux pièces : une bague et un petit médaillon, contenant chacun une peinture par Van Blarenberghe; intérieur de salon et travaux pendant l'hiver sur la glace. Seront vendues séparément.

42 — Croix et sa belière, composées de sept petits camées, sujets de la Passion, travail du XVIe siècle, finement gravés, sur agate orientale à deux couches. Composition très-riche.

43 — Croix archiépiscopale, en or émaillé, époque Louis XIII, à fleurs et monogramme; au centre, un petit Enfant-Jésus.

44 — Croix en or émaillé, XVIe siècle, contenant les instruments de la Passion.

45 — Croix composée de petits grenats gravés en creux et émaillés, représentant les instruments de la Passion, montés en or, à ornements, émail cloisonné, époque Louis XIII.

46 — Croix et Christ, en or gravé. Travail espagnol.

47 — Croix en or composée de chatons à diamants tables.

48 — Croix, émail cloisonné sur cuivre, suspendue à une chaîne de Venise, dont les maillons sont de la plus grande finesse.

49 — Sévigné formant un nœud et des fleurs en filigrane d'or, enrichie d'émeraudes et rubis.

50 — Sévigné en or, à enroulements à jour, et chatons contenant des rubis.

51 — Sévigné, ornements à enroulements en argent et chatons à roses.

52 — Sévigné, forme croix mouvante en argent, contenant des diamants tables.

53 — Sévigné à croix mouvante, argent et grenats.

54 — Sévigné forme croix, or et strass, modèle normand.

55 — Bracelet, figurant un serpent, en or émaillé à écailles gris de fer ; la tête est richement garnie de brillants et d'un saphir, les yeux sont en rubis. Beau travail moderne.

56 — Bracelet en filigrane d'or très-finement travaillé, à fleurs et papillons. Ouvrage chinois.

57 — Bracelet en pierres gravées en creux, montées en or.

58 — Bracelet en or, composé d'appliques émaillées, alternées d'ornements repercés à jour.

59 — Bracelet en argent doré et ornements à jour, émaillés noir et blanc.

60 — Châtelaine en or, ses étuis à dés et à aiguilles, à ornements en or vert.

61 — Châtelaine en or, à trois chaînettes de suspension.

62 — Collier en filigrane d'argent doré et orné de plaques octogones en jaspe sanguin.

63 — Collier, même style, en argent doré, composé d'appliques en jaspe, alternées d'ornements en filigrane.

64 — Collier et sa sévigné, en filigrane d'or et petits fleurons émaillés noir.

65 — Petit collier en filigrane d'or, émaillé en partie noir et blanc, et orné d'un médaillon, sujet saint, finement peint sur or émaillé.

66 — Collier à cinq rangs, composé de maillons en filigrane d'argent doré.

67 — Sévigné et boucles d'oreilles, en filigrane d'argent doré et émaillé, époque Louis XIII, et une boucle même style.

68 — Figurine, moine de la Grande Chartreuse creusant son tombeau, le buste est en perle fine baroque, le reste du corps ainsi que la terrasse sont en or massif.

69 — Lion couché, dont le corps formé par une perle baroque est monté en argent doré, sur plinthe en jaspe rouge de Sicile.

70 — Satyre jouant de la flûte de Pan, le corps en perle baroque et monture en vermeil ciselé, près de lui un arbre en corail et deux lézards; sur socle rond en lapis-lazuli.

71 — Saint Jean, figurine d'enfant couché, en argent, à cheveux dorés, reposant son bras droit sur la boule du monde, trois petits lézards émaillés en vert sont à ses pieds.

72 — Vase sur piédouche, en argent doré, la panse et le couvercle ornés de peintures sur émail, concert et danse chinois devant un souverain.

73 — Lorgnette de spectacle à revêtement, en or gravé et cylindre à peinture sur émail, danse et concert chinois.

74 — Ciseaux, cure-oreille et passe-lacet, en or, dans leur étui, or émaillé et cordon en perles fines, époque Louis XVI.

75 — Porte-crayon en turquoises et perles fines.

76 — Porte-crayon en or uni et à pans, époque Louis XVI.

77 — Baignerol en or, à têtes de lions et guirlandes de fleurs en relief.

78 — Petit couteau à manche émaillé, époque Louis XIII, et virole à damasquine argent.

79 — Jeu de dominos en nacre de perle galonnés d'or.

80 — Deux paires de boucles d'oreilles en filigrane d'or, montées à clochettes.

81 — Porte-tasse en or à ornements repercés à jour, à trophées de musique, etc., émaillés de couleurs variées. Travail de Genève.

82 — Petit couteau et fourchette en or, à ornements à fleurs repoussées.

83 — Flacon à goulot allongé et suspendu à sa chaîne, en or rouge, le bouchon formé d'un oiseau est orné d'une perle.

84 — Jaseron très-fin de Venise; une grande et belle chaîne.

85 — Cachet tournant, en or estampé à figures de Minerve, et topaze de Saxe à facettes.

86 — Chaîne de col, en or, à maillons émaillés noir et blanc.

87 — Deux chaînes jaseron d'or de Venise, dont une d'une grande finesse.

88 — Une paire d'énormes boucles d'oreilles, en forme de croissants à trois pendeloques, en argent doré, à ornements en filigrane, Travail africain. Une croix en bois à cloutage et bouts d'argent, et une cuvette de montre à cloutage d'argent.

89 — Une épingle de tête, en or, enrichie d'une émeraude, de rubis et de perles.

90 — Trois épingles d'homme en or, dont deux ornées d'iris, et une de cristal de roche.

91 — Deux épingles d'homme, dont une à pierre figurée, l'autre à prime d'opale.

92 — Deux épingles d'homme, en or, dont une, ange tenant une sainte Vierge, en perle fine ; l'autre, un arbre en posé or sur écaille.

93 — Deux pièces ; une paire de boutons d'oreilles, imitation de l'antique, en or, à fleurs en rubis et émeraudes, et un pendentif en filigrane d'or.

94 — Flacon rond et plat, en or, à ornements gravés, très-fins

95 - Un souvenir, en ivoire monté en or, orné de deux gouaches, Berger et Bergère.

96 — Un collier, émeraudes fausses, et deux paires de boucles d'oreilles, le tout monté en or.

97 — Trois pièces; un cachet tournant, en or; une applique indienne en or émaillé, garnie de pierreries, et deux boucles d'oreilles, en jargon et émeraudes.

98 — Sept petites pièces, cachets, petite boîte, en or; petit étui et petite cuillère, en argent.

99 — Sept pièces, dont six en jaspe, ornées d'une fleur en roses et d'abeilles en or, et un bouton en peridot entouré de roses de Hollande.

100 — Sept pièces en strass; châtelaine, boucles d'oreilles, croix, lorgnon, etc., seront vendues par lots.

101 — Deux coiffures, dont une, chinoise, en plumes et argent; l'autre en argent émaillé, orné de pierreries, et une broche en argent émaillé, orné de perles fines et rubasses.

102 — Quatres pièces : boucles d'oreilles, en argent finement ciselé ; un cachet en rubasse, monture argent émaillé et perles fines ; cassolette en écaille et posé or et un ruban en argent orné de grenats.

103 — Cinq pièces : châtelaine à cachets Wedgwood ; broche, médaillon reliquaire, saint-Esprit et lorgnon en acier.

104 — Un petit médaillon ovale en argent doré, contenant une pâte représentant Marie-Thérèse, entourée de perles fines; et un cadre, en or émaillé, Louis XVI.

105 — Deux plaques, or repoussé, à figures et ornements.

106 — Six pièces, filigrane d'argent émaillé en partie, époque Louis XIII, fermeture de livre et boucles d'oreilles.

107 — Six petits objets, dont deux figurines en argent et une en bronze, un petit vase en agate, un en argent et un en écaille posé d'or.

108 — Deux médaillons et deux cadres en or.

109 — Boîte à cire ronde, contenant des opales de Hongrie.

DEUXIÈME VACATION

Le Mardi 1ᵉʳ Février 1859.

Camées, intailles, etc.

110 — Plaque en cristal de roche, forme cintrée, gravée en creux : la Mise au tombeau, composition dans le style allemand du xvɪᵉ siècle, attribuée à Valerio Belli, de Vicence ; cette plaque a été montée au centre d'un bénitier, en porcelaine de Sèvres, d'après les ordres de Mᵐᵉ la Dauphine, en 1817.

111 — Plaque ronde en cristal de roche, gravée en creux, représentant le Déluge, composition très-riche ; travail du xvɪᵉ siècle.

112 — Plaque ovale en cristal de roche, gravée en creux : Jésus devant Pilate, signée *Joannès*, dans un cadre en bois sculpté.

113 — Plaque ronde en cristal de roche, gravée en creux : Apollon sur son char, entouré des signes du Zodiaque.

114 — Trois pièces en cristal de roche, gravées en creux ; sujets saints, parmi lesquels le Christ à la croix entre les saintes femmes ; d'une bonne facture.

115 — Plaque en jaspe héliotrope, gravée en creux : Chevalier armé d'un glaive et d'un flambeau, monture en argent doré.

116 — Épingle et médaillon en or, contenant chacun une pierre gravée en creux : Chevalier monté sur un char traîné par deux chevaux.

117 — Deux sardoines gravées en creux représentant l'une Vénus couronnant Jupiter, l'autre la sainte Vierge et l'Enfant Jésus.

118 — Trois agates orientales gravées en creux : Enlèvement, signé *Pickler* ; Diane chasseresse, et sujet romain.

119 — Huit intailles sur agate, cornaline, sardoine, etc. Sujets divers.

120 — Huit intailles, travail antique sur cornaline, grenat, etc. Sujets divers.

121 — Dix intailles sur cornaline, lapis, nicolo, etc.

122 — Onze intailles sur agate, cornaline, jaspe, etc.

123 — Deux cachets et un pendentif en or, ornés de deux intailles et de deux scarabées.

124 — Trois cachets en argent, dont deux ornés de pierres gravées en creux : Saint Sébastien et tête d'Alexandre.

125 — Grand camée sur sardoine : l'Abondance, sujet allégorique, représenté par une Cérès.

126 — Camée : Triomphe d'Amphitrite, sur calcédoine, à deux couches, monté en médaillon, en argent doré.

127 — Camée : Tête du Christ, sur agate orientale, à deux couches, monté en médaillon carré, en or.

128 — Six camées, travail du xvie siècle, sur calcédoine et agate orientale, à deux couches; sujets divers, dont une pièce montée en cachet, une autre en cadenas, et une autre en médaillon.

129 — Camée : Triomphe de Galathée, sur pierre verdâtre (speckstein baignée).

130 — Camée, agate d'Allemagne : la Marchande d'amours.

131 — Camée, agate d'Allemagne : Éducation de Bacchus.

132 — Cinq camées sur lapis, jaspe, agate, etc.

133 — Deux camées : Masque de la Comédie, sur cornalin orientale, montée en épingle d'or, et buste de Henri IV, sur sardoine, monté en clef de montre.

134 — Camée, fragment : Génie ailé tenant un bouclier à inscriptions, sur agate orientale.

135 — Trois camées : Tête d'homme barbu ; tête de Méduse, sur topaze ; Christ et sainte Vierge, sur jaspe héliotrope, monté en médaillon d'argent.

136 — Dix camées gravés sur coquille, sujets saints et sujets mythologiques ; seront vendus par lots.

137 — Environ seize pièces, pâtes, médaillons sèvres, émaux, etc.

138 — Une boîte renfermant un lot de pierres de couleurs; améthystes, topazes, grenats, etc., qui seront vendus par lots.

Bagues ornées de Camées.

139 — Deux camées montés en bagues d'or à bas titre : Lion marchant à droite, sur agate orientale, et Truie marchant à gauche, sur agate, onyx calciné.

140 — Deux camées montés en chevalières d'or : Guerrier romain debout vu de dos, et profil à gauche, sur agate orientale, et Hercule debout, vu de face, sur agate onyx.

141 — Deux camées montés en bagues d'or : Masque de Jupiter, sur jaspe onyx, et scarabée égyptien, en émail.

142 — Deux camées montés en bagues d'or : Louis XV, sur agate onyx, par Guay, 1762; Amour jouant avec un petit chien, sur agate à deux couches.

143 — Deux camées montés en bagues, dont une en bas or : Tête d'empereur et tête de femme, profils à droite.

144 — Deux camées montés en bagues d'or : Sylène et Bacchante, montés sur une panthère, agate orientale, entourée de grenats, et buste d'homme, sur coquille, entourée de rubis d'Orient.

145 — Deux camées montés en bagues d'or, toutes deux sur sardoine orientale : Buste de Jupiter Ammon, et tête de jeune femme, fruste.

146 — Deux camées montés en bagues mauvais or et argent doré : Offrande à Priape, sur sardoine blonde, et Mars et Vénus, sur agate d'Allemagne.

147 — Deux camées montés en bagues, mauvais or : Dauphin entouré d'inscriptions, sur agate orientale, et buste de Génie ailé ; travail antique, sur agate calcinée.

148 — Deux camées montés en bagues d'or : Buste de femme, sur agate onyx, à trois couches, et buste d'homme barbu, sur cornaline agatisée.

149 — Deux camées montés en bagues mauvais or : Buste de Socrate, sur jaspe, à deux couches, et buste d'homme barbu, sur agate onyx.

150 — Deux camées montés en bagues mauvais or et argent doré : Têtes, sur agate jaspée, à deux couches.

151 — Deux camées montés en bagues, dont une en mauvais or : Voltaire, sur porcelaine de Sèvres, et Cicéron, sur agate.

152 — Intaille : Léda, sur calcédoine, montée en bague d'or.

153 — Intaille : Hercule, sur calcédoine, montée en bague d'or.

154 — Intaille : Buste de l'empereur Napoléon Ier, sur calcédoine, montée en grosse chevalière d'homme.

155 — Intaille : Portrait d'homme, sur cornaline, signée *Jeuffroy*, 1787, montée en bague d'or.

156 — Intaille : Tête d'Antinoüs, par Pickler, sur onyx orientale, à trois couches, et montée en bague d'or.

157 — Deux intailles : Buste de femme et masque de satyre, montées en bagues d'or.

158 — Deux intailles, sur calcédoine : Bustes d'homme et de femme, montées en bagues d'or.

159 — Deux intailles, sur cornaline : Baptême de saint Jean, et chèvre, montées en bagues d'or.

160 — Deux intailles : Deux têtes sur cornaline, et une bacchante sur nicolo, montures mauvais or et argent.

161 — Trois intailles montées en bagues d'or.

162 — Trois intailles : Bustes et sujets, montées en mauvais or.

163 — Trois intailles : Bustes, deux sur jaspe et un sur cornaline, montées en bagues d'or.

164 — Trois talismans intailles montés en bagues d'or.

165 — Quatre intailles blasons, etc., dont trois montées en bagues d'or et une en argent niellé.

166 — Trois intailles : Bustes, sur cornaline et autres, montées en bagues d'or.

167 — Trois intailles, dont Amours, sur prime d'émeraude : Jupiter, sur agate saphirine, et buste de femme, sur sardoine, montées en bagues d'or.

168 — Trois intailles : Amazone, Faune et Nymphe, et devise sur cornaline, montées en bagues d'or.

169 — Trois intailles, sur pâtes, montées en bagues d'or.

170 — Intaille : Méléagre, sur jaspe sanguin, montée en bague d'or.

171 — Intaille : Offrande à l'Amour, sur jaspe sanguin, montée en bague tournante, en or.

172 — Intaille : Sacrifice, sur jaspe héliotrope, montée en bague d'or.

173 — Intaille, sujet tiré de l'Histoire romaine, sur sardoine, montée en bague tournante, en or.

174 — Intaille : Danse de satyres et Offrande à Priape, sur agate rubanée, montée en bague d'or.

175 — Intaille : Guerrier romain portant un autre guerrier blessé, sur sardoine, et montée en bague d'or.

176 — Intaille : Figurine d'homme assis ayant une lyre dans la main, montée en bague d'or.

177 — Intaille : Cheval au galop, dirigé par un Phrygien, sur sardoine, montée en bague d'or.

178 — Intailles : Deux têtes accolées, sur cornaline, et buste d'homme, sur onyx oriental, à trois couches, montées en bagues d'or.

179 — Deux intailles : Flore debout; Sculpteur assis, ciselant un vase, sur sardoine, et montées en bagues d'or.

180 — Deux intailles : Cheval, et Buste de guerrier romain, montées en bagues d'or.

181 — Trois intailles, deux sur prime d'améthyste, et une sur grenat, montées en bagues antiques, dont deux en or.

182 — Deux bagues en métal oxydé, dont une ornée d'un nicolo : Aigle entre deux cornes d'abondance.

183 — Trois intailles antiques, sur cornaline et lapis, et montées en bagues d'or antique.

184 — Deux intailles et une iris, montées en bagues, dont deux en mauvais or.

185 — Deux camées : Guerriers romains, sur sardoine, montés en bagues d'or.

Bagues antiques, XVIe siècle et autres.

186 — Bague chevalière en or, à blason et devise.

187 — Trois bagues en or au monogramme de Jésus.

188 — Quatre bagues en or, gravées à devises.

189 — Sept bagues en or; xvie siècle.

190 — Deux bagues en or, dont une à serpent à devise et ornée d'une opale, et l'autre à perle brûlée.

191 — Sept bagues, dont trois garnies de pierres; XVIe siècle et autres.

192 — Deux bagues en or antique, dont une gravée en creux, et l'autre contenant un sujet émaillé.

193 — Trois bagues en or; travail du XVIe siècle, ornées de pierreries.

194 — Une grosse bague chevalière, or ciselé : Trophée d'armes.

195 — Bague galvanique, or et platine, et devise en relief.

196 — Une bague jonc, très-large, en or, à ornements à jour, enrichie de rubis.

197 — Trois chevalières, dont une en or, ornées d'onyx turquoise, etc.

198 — Deux bagues en cuivre ciselé, dont une à mascaron, l'autre à cariatide dorée.

199 — Deux bagues (bonne-foi émaillées), enrichies de rubis et d'émeraudes; travail du XVIe siècle.

200 — Deux bagues à chatons carrés, or émaillé, travail du XVIe siècle, garnies d'un petit diamant et d'une hyacinthe.

201 — Deux bagues chatons carrés, or émaillé, travail du XVIe siècle, ornées de rubis.

202 — Deux bagues chatons carrés, or émaillé, travail du XVIe siècle, ornées d'émeraudes et de grenats.

203 — Trois bagues, travail du xvi⁰ siècle, ornées de saphirs, rubis et grenats.

204 — Trois bagues, or émaillé, ornées de turquoises, dont une ouvrante.

205 — Trois bagues, or émaillé, enrichies de pierres fines.

206 — Cinq bagues en or, du xvi⁰ siècle, ornées de pierres fines.

207 — Huit bagues, dont six en or, garnies de pierreries.

208 — Deux bagues en or, dont une émaillée, ornée d'émeraudes et grenats.

209 — Deux bagues en or, enrichies de pierreries.

210 — Trois bagues en or, à agates herborisées, et autres.

211 — Trois bagues, or, et pierreries, du xvi⁰ siècle.

212 — Deux bagues, or émaillé, travail du xvi⁰ siècle, garnies de diamants.

213 — Deux bagues, l'une forme jarretière, l'autre à chiffre, en petites roses de Hollande.

214 — Trois bagues en or, enrichies de pierreries.

215 — Trois bagues en or, dont une ornée d'une améthyste et de deux roses.

216 — Une bague, or émaillé, style Louis XIII, enrichie d'une grande rose de Hollande.

217 — Bague en or ciselé et émaillé : Chevalier couché près d'un trophée d'armes, orné d'un brillant.

218 — Deux bagues en or, turquoises et roses.

219 — Une bague, or émaillé, figurant une corbeille remplie de fleurs, ornée de diamants.

220 — Bague en or, ornée d'un rubis et entourée de feuilles, dont chacune porte un nom de femme.

221 — Deux bagues en or, ornées de miniatures, portraits.

222 — Deux bagues, dont une or émaillé, ornée d'une iris, l'autre une obsidienne, entourée d'opales de Hongrie.

223 — Trois bagues, dont deux à médaillons et une à grenats.

224 — Deux bagues en or, à médaillon Louis XVI, et gravure sur acier, en faveur du général Brune.

225 — Deux bagues en argent, dont une à ornements niellés.

226 — Quatre bagues en cuivre, modèles divers.

227 — Grosse bague d'évêque, en bronze, à couronne et fleurs-de-lis, en relief; travail du XIIIe siècle.

228 — Très-grand camée, sur onyx, à deux couches : Entrée triomphale d'un empereur romain, monté dans un quadrige, et couronné par une Victoire.

    Cette belle gravure en haut-relief a tout le cachet d'un travail antique.

TROISIÈME VACATION

Le Mercredi 2 Février 1859.

Argenterie ancienne.

229 — Coupe en argent repoussé et doré en partie ; sujets mythologiques ; le piédouche orné de trois figurines assises : Jupiter, Hercule et Neptune.

230 — Vidrecome en vermeil repoussé, à blason, et sujets de chasse ; le couvercle orné de grenats.

231 — Gobelet à anse, en argent repoussé, à ornements rocaille, doré à l'intérieur.

232 — Quatre gobelets en vermeil, forme verre à vin du Rhin, finement gravés, à médaillons paysages, divisés par des ornements à rinceaux.

233 — Petit gobelet, forme demi-sphérique, à médailles, en argent doré en partie.

234 — Coffret à bijoux, forme carré-arrondi, en vermeil, orné de pierreries.

235 — Boîte ovale, en argent doré en partie; le couvercle orné d'un bas-relief : Vénus à sa toilette, servie par des Amours; le tour à rinceaux ciselés, imitant la damasquinure.

236 — Boîte ovale en argent repoussé, à ornements à rinceaux.

237 — Poire à poudre en argent, forme ovale, ornée d'un côté d'un choc de cavalerie, en bas-relief, encadré d'Amours et de trophées d'armes; au revers, un trophée allégorique, signée *Baardt*.

238 — Un livre de prières, en allemand, à couverture en argent repoussé : la Crucifixion et l'Ascension.

239 — Miroir de toilette en argent doré et émaillé en partie; poignée à cariatide d'homme, et fond orné d'un bas-relief : Mars et Vénus pris dans les filets de Vulcain.

240 — Deux porte-curedents, en argent doré en partie et repoussé : Oiseaux perchés sur des colonnettes à piédouches; modèle rocaille.

241 — Plateau ovale en argent repoussé; au centre, une Bergère et ses moutons; l'entourage à fruits et fleurs.

242 — Figurine en argent : Musicien assis sur un rocher, et contre-socle en bronze doré, enrichi de pierreries.

243 — Deux flambeaux en argent doré et émaillé en partie, et garnis de grenats : Femmes indiennes posées sur des feuillages, et soutenant les bobèches entourées de roseaux.

244 — Porte-cigarres en argent : Ane portant deux paniers.

245 — Lama, sur un plateau de forme octogone; le tout en filigrane d'argent.

246 — Joli coffret à bijoux, en filigrane d'argent, à colonnettes torses, détachées et dorées, garni de pierreries.

247 — Une très-belle couverture de livre, en argent, à sujets saints, en haut-relief, finement ciselés, contenant l'Ancien et le Nouveau Testament.

248 — Corbeille à anse, en filigrane d'argent.

249 — Corbeille ovale, à couvercle et à deux anses, en filigrane d'argent.

250 — Plateau octogone en filigrane d'argent.

251 — Deux porte-tasses en filigrane d'argent, ornés de fleurs émaillées.

252 — Six porte-tasses en filigrane d'argent, à nœuds repoussés.

253 — Trois porte-tasses en filigrane d'argent.

254 — Petite corbeille à couvercle et à anse en filigrane d'argent de Chine, à ornements émaillés.

255 — Deux petites corbeilles à couvercles, à animaux émaillés.

256 — Deux petites boîtes, ovale et ronde, à ornements Louis XIII, à jour et émaillés, objets très-fins.

257 — Flacon en filigrane d'argent, garni de coraux, travail turc.

258 — Flacon sur piédouche, recouvert de forts ornements en filigrane d'argent.

259 — Corbeille ronde à couvercle, en vermeil recouvert d'ornements en filigrane d'argent.

260 — Cinq pièces en filigrane d'argent, plateau, carnet de visite et trois petits bustes.

261 — Trois pièces, une boîte forme pistolet et deux petits plateaux contournés en vermeil, émaillés et garnis de pierreries.

262 — Etui en filigrane d'argent, contenant un bâton d'encre de Chine.

263 — Deux pièces, une boîte ovale et un dé à coudre en argent, à ornements à jour, époque Louis XIII.

264 — Deux tabatières, une carrée, en filigrane de Chine, à ornements émaillés, l'autre ovale, à sujet de chasse en relief sur fond doré.

265 — Coupe ovale contournée et à anses, en vermeil repoussé.

266 — Deux pièces, tablettes à couverture en argent gravé et doré et un petit plateau rond à godrons en vermeil gravé.

267 — Cuiller et fourchette de chasse pliants, en vermeil finement gravé.

268 — Petite boîte ronde en argent à ornements à jour, contenant trente-quatre médaillons en argent finement gravé, souverains anglais.

269 — Sept petites boîtes en argent et vermeil ; seront vendues par lots.

270 — Trois pièces en filigrane d'argent ; un médaillon reliquaire, petite boîte longue et boîte formée de feuillages.

271 — Deux pièces ; une pomme de canne style XVIe siècle, en vermeil ciselé et un cachet en vermeil représentant un chevalier, garni de turquoises.

272 — Trois pièces ; un amorçoir en magellan garni en argent, un petit gobelet figurant une femme, et une cuiller à sucre en argent repercé à jour.

273 — Quatre pièces ; une œillère en vermeil, une sainte Vierge en argent, une petite pomme de canne à trois figurines, et un petit flacon à pans ornés de pierres bleues.

274 — Couteau et fourchette à manches en argent finement gravé, sujets saints, beau travail du XVIe siècle.

275 — Trois pièces en argent ; une divinité indienne, un pierrot et une Fortune.

276 — Cinq petits objets en argent, parmi lesquels deux colombes sur un chapiteau de colonne, en filigrane d'argent. Ce lot sera divisé.

277 — Gobelet en argent, à ornements gravés ; trouvé dans la Seine.

278 — Vase formé d'une coquille, burgau gravé, sujets genre Teniers, sur piédouche en argent repoussé.

279 — Chaîne de chevalier en argent, formée d'appliques composées de fleurs repercées à jour.

280 — Chaîne de chevalier en argent doré, formée d'anneaux emmaillés et pendentifs garnis de pierreries.

281 — Chaîne de chevalier en argent formée d'anneaux taraudés et pendentifs, à fermoir orné d'une figurine couchée.

282 — Bénitier en argent doré formé d'une croix avec le Christ, et entièrement recouvert d'ornements en filigrane d'argent. Hauteur, 38 centimètres.

283 — Bas-relief en argent repoussé, le Portement de la Croix et les Saintes Femmes, dans un cadre sculpté et doré.

284 — Bas-relief en argent repoussé, forme ovale, Nymphe surprise par un satyre, cadre à moulures en ébène.

285 — Bas-relief en argent repoussé, forme ovale ; sujet allégorique représentant le Vice ; au fond, on voit l'entrée de l'enfer ; cadre carré en citronnier.

286 — Bas-relief en argent repoussé, la Cène, cadre carré en bois noir.

287 — Bas-relief en argent repoussé et découpé, Moïse sauvé des eaux, sur fond bois noir, et cadre carré à moulures.

288 — Deux bas-reliefs en argent, un forme ovale repoussé, Satyre et nymphes passant une rivière, l'autre rond, sujet saint.

289 — Deux pièces, un bas-relief ovale, argent repoussé, le Christ au roseau, l'autre, plaque forme contournée en argent, finement gravé, la Cène.

290 — Trois cuillères en vermeil ciselé, travail russe.

291 — Une fourchette en argent, manche formé d'un cavalier attaquant un lion, et une cuillère en buis, à manche en argent.

292 — Un pied de calice en argent repoussé.

293 — Une clef de chambellan en argent doré.

294 — Quatre pièces en argent; trois boucles ornementées et une broche formée d'un ruban.

295 — Trois pièces en argent; deux étuis à aiguilles, et un étui à ciseaux en filigrane.

296 — Huit pièces en argent, bracelet, aimant, petite cassolette, magicien, etc.

297 — Sept pièces en filigrane d'argent, colliers, bracelet, boucles d'oreilles, etc.

298 — Coffret à bijoux à couvercle cintré en écaille, garni en argent.

299 — Joli gobelet forme verre à bordeaux en argent doré en partie, et beaux ornements gravés, ayant un cadran solaire à l'intérieur.

300 — Petite théière en vermeil repoussé à fleurs.

301 — Deux cuillères du xvi⁰ siècle, dont une en vermeil à cariatide de femme, l'autre en écaille garnie d'argent.

302 — Deux pièces forme ovale en argent; médaille, Amour couronnant Vénus, et étui à belle gravure, en taille douce, Jugement de Pâris, et Vulcain forgeant des flèches à l'Amour, beau travail du xvi⁰ siècle; miniature à l'huile à l'intérieur.

303 — Cinq petits médaillons en repoussé d'argent, par Kirstein et autres : le Temps fait passer l'Amour, sujets de chasse, la Cène, et Sainte-Famille.

304 — Trois petits bas-reliefs en vermeil, sujets de l'histoire romaine.

305 — Trois pommes de canne en argent, Bataille en ronde bosse, une autre style Renaissance, et la dernière en fil taraudé, sur fond émail bleu. Pourront être vendues séparément.

306 — Flacon du xvi⁰ siècle ; figurine d'homme accroupi en ébène sculpté, garni en vermeil, occupé à battre monnaie d'une façon toute particulière.

307 — Deux cadrans solaires en argent et à boussoles.

308 — Petit nécessaire en peau de chagrin, contenant des flacons et ustensiles en argent.

309 — Petite trousse en cuir gaufré, à fleurons dorés, contenant des ustensiles et une cuillère en vermeil.

310 — Quatre pièces, dont trois en argent ; figurine de femme à tête d'oiseau, porte-plumes et bougeoir en repoussé à roses et un cachet en écaille à piqué d'argent et garni en argent.

311 — Un sablier en filigrane d'argent.

312 — Une petite figurine, Amour ayant un petit chien près de lui, en argent, posé sur un socle en nacre de perle orné d'argent.

313 — Une applique en argent doré, repercé à jour contenant au centre un petit émail de Limoges, et un groupe en ronde-bosse, en argent colorié.

314 — Deux pièces, l'une en vermeil repoussé, sujet saint, l'autre en argent gravé : d'un côté la Cène, et de l'autre Eliézer et Rebecca. Taille-douce.

315 — Cinq médaillons en argent doré, ornés de hauts-reliefs à sujets saints et autres. Seront vendus séparément.

316 — Deux pièces ; fragment d'un repoussé en or et émail translucide, et un écu en argent contenant à l'intérieur une peinture à l'huile.

317 — Une boîte ronde en argent repoussé, à sujet et paysage.

QUATRIÈME VACATION

Le Jeudi 3 Février 1859.

Tabatières.

318 — Boîte à deux tabacs, forme nacelle, en écaille, à piqué et posé or, et à ornements divers en nacre de perle incrustée et gravée.

319 — Boîte carrée en écaille, à couvercle à incrustations de filets et posé or imitant la dentelle.

320 — Boîte ovale, à gorge et galons en or gravé, le couvercle orné d'un bouquet de fleurs en posé or de couleur.

321 — Boîte ovale en écaille, à gorge en vermeil, à incrustations d'or et burgau par Martin, sujet emblématique ayant rapport à la franc-maçonnerie.

322 — Tabatière carré-arrondi en écaille, à incrustations de burgau, monuments et fleurs, imitant le laque du Japon.

323 — Tabatière ovale en écaille, à médaillon en posé or et argent, trophée de musique et fleurs, sur un fond laque et poudre d'écaille, dans la manière de Martin.

324 — Deux pièces : un drageoir en écaille blonde, à gorge en vermeil et à fleurs et paysages en piqué d'or, dans le style chinois, et une tabatière carrée en écaille, à couvercle garni d'ornements en piqué d'or.

325 — Drageoir de forme élevée, en écaille à ornements piqués d'or, contenant à l'intérieur deux miniatures, grisailles dans la manière de Klingstet, conversation, et Mars et Vénus.

326 — Deux tabatières rondes en écaille, dont une à bouquet est galonnée de bas or, et l'autre à médaillon, fruits piqués d'or sur écaille et cadre en or émaillé.

327 — Deux boîtes ; une carrée en écaille, à ornements incrustés d'or sur le couvercle et une bonbonnière ronde en doublé or, ornée d'une plaque en écaille, corbeille remplie de fleurs, en posé or.

328 — Deux tabatières ovales en écaille, dont une ornée de papillons et frises en piqué or.

329 — Deux tabatières ovales en écaille, une à fleurs posé or, l'autre à gorge en vermeil et écaille gaufrée, à ornements incrustés d'or.

330 — Deux tabatières rondes en écaille, dont une à ornements style Louis XIV, incrustés en argent, l'autre, Jeunes enfants faisant de la musique, en posé or et argent, et contenant une miniature portrait d'homme à l'intérieur.

331 — Deux tabatières, dont une ronde en écaille, à paysage en posé or et argent sur le couvercle, l'autre ovale, en écaille transparente, à gorge et galons en or.

332 — Deux tabatières, dont une en écaille forme nacelle, l'autre forme carrée, doublée en doublé or, et à frises en repoussé.

333 — Deux tabatières carré-long, dont une en marqueterie genre Boule, travail viennois, l'autre en écaille à ornements fleurs incrustées.

334 — Tabatière ronde en écaille, ornée d'un portrait de jeune fille dans la manière de Greuze, peinture sur émail.

335 — Tabatière ronde en écaille, ornée d'un portrait de jeune fille dans la manière de Greuze, peinture sur émail.

336 — Tabatière carrée en écaille, ornée d'un joli portrait de femme, peint sur émail, Madame Deshoulières.

337 — Deux tabatières rondes, l'une en poudre d'écaille, l'autre en racine de buis, ornées de deux peintures sur émail, portrait de femme et une tête de furie tenue par les cheveux.

338 — Tabatière ovale en écaille, montée à gorge en or, ornée d'un portrait de femme, époque Louis XIV, sur émail.

339 — Tabatière carré-long, pans coupés, en écaille, ornée d'un émail, sainte Madeleine.

340 — Deux tabatières, forme carrée, en écaille, ornées de deux portraits de femmes, peintures sur émail.

341 — Tabatière carrée en écaille, ornée d'un grand portrait d'homme, peinture sur émail.

342 — Tabatière carrée en écaille, ornée d'un portrait peint sur émail, Philippe de France, époque Louis XIII.

343 — Tabatière carrée en écaille, ornée d'un joli médaillon portraits du Poussin et de sa femme, finement émaillé des deux côtés.

344 — Tabatière forme navette, en nacre de perle et écaille alternés, galonnée d'argent gravé et doré, et ornée d'un joli portrait du Régent, peinture sur émail.

345 — Deux tabatières, l'une carrée en écaille, l'autre en racine de buis à gorge en or, ornées de deux portraits d'hommes, peinture sur émail, dont l'un le maréchal de Bassompierre.

346 — Deux bonbonnières rondes en écaille blonde, dont une à ornements en posé or, enrichies de deux portraits peints sur émail, homme époque Louis XV et jeune femme.

347 — Une bonbonnière ronde en argent gravé, doré et émaillé à lauriers, ornée d'un portrait d'homme peint sur émail, époque Louis XV.

348 — Un drageoir ovale, en argent repoussé à godrons, gravé à rinceaux et doré, orné d'une peinture sur émail, la Charité romaine.

349 — Deux boîtes rondes en écaille, dont une à gorge en or, ornée d'un médaillon en or incrusté de pierres fines, par Neuber, l'autre à médaillon, vase contenant des fleurs, peinture sur émail.

350 — Boîte ronde en ivoire, ornée de deux peintures sur émail, époque Louis XVI, cavalier en costume romain, et bouquet de fleurs.

351 — Deux tabatières rondes en racine de buis, ornées de miniatures, Portraits de jeunes filles, dont une d'après Greuze.

352 — Deux tabatières, dont une en racine de buis, l'autre en écaille doublée en doublé or, ornées de miniatures, portraits de femmes, Mlle St-Huberti, rôle de Didon, par Chasselat, l'autre Mlle Dugazon, grisaille teintée dans la manière de Klingstet.

353 — Deux bonbonnières rondes, écailles noire et blonde, dont une à gorge et galons en or, et portrait en miniature du Saint-Père Pie VII, l'autre à miniature, portrait de femme.

354 — Deux tabatières, une ronde en racine de buis à galons en doublé, l'autre carrée en écaille à charnière en or, ornées de deux miniatures, portraits d'hommes époque Louis XIV.

355 — Deux tabatières en écaille, une ovale et une carrée, à gorges en or, ornées de deux portraits peints à l'huile, Homme et Femme, XVIe siècle.

356 — Deux tabatières rondes, l'une en poudre d'écaille à portrait de Cagliostro, dessiné à la mine de plomb, l'autre en écaille à miniature paysage.

357 — Grande boîte carrée à musique en racine de buis, ornée d'une peinture à l'huile, Vache dans une prairie, par Coylenburgh ; contenant une miniature à l'intérieur.

358 — Grande boîte carrée en bois noir, galonnée d'écaille, ornée de six médaillons peints à l'huile, Paysages et Marines.

359 — Deux tabatières carrées, ornées de deux miniatures gouachées, Vallée de Chamouni et Mont Saint-Bernard, dont une ayant un fixé à l'intérieur.

360 — Deux tabatières forme carrée en écaille, ornées de deux miniatures gouachées, la Bourse de Paris et un Viaduc, par Delaye.

361 — Trois tabatières carrées en écaille, ornées de trois miniatures gouachées, Vues de Ponts suspendus et Châteaux.

362 — Deux tabatières rondes dont une en ivoire, l'autre en écaille, contenant une miniature à l'intérieur, Jeune Fille.

363 — Deux tabatières rondes, l'une en écaille, l'autre en racine de buis, ornées de miniatures, Jeune Fille et Bacchante; miniatures à l'intérieur.

364 — Boîte ronde en racine de buis, ornée d'un fixé, Offrande, ayant à l'intérieur le portrait d'une jeune fille, miniature par Mulnier.

365 — Deux tabatières rondes en écaille et ivoire, ornées de portraits d'hommes, Louis XIV et un Conventionnel.

366 — Trois tabatières rondes en écaille, Portrait d'homme, bouquet de fleurs et miniature à mécanique.

367 — Grande tabatière carrée en écaille guillochée, montée à gorge en argent doré, contenant à l'intérieur une jolie miniature, Femme agenouillée, par Klingstet.

368 — Tabatière carré-long, pans coupés, montée à cage et doublée en or, contenant des peintures très-fines sur verre et dorées; sujets tirés de l'histoire romaine, par Viller.

369 — Tabatière carrée en écaille, contenant un Oiseau chantant. Travail de Genève.

370 — Bonbonnière ovale en cristal de roche, taillée à quadrilles, montée à gorge en vermeil.

371 — Grande boîte ronde en porcelaine de Sèvres, à deux tabacs, montée à gorges en argent doré, décorée fond gros bleu, à médaillons, Masques de la tragédie et de la comédie, dorés, ainsi que les noms des grands auteurs de la haute antiquité et modernes. Ayant appartenu à Talma.

372 — Trois pièces. Une bonbonnière ronde en écaille, ornée d'un jaspe d'Égypte figuré; une boîte ovale, à mouches, en ivoire, montée à gorge en vermeil et ornée d'une miniature en grisaille; et une tabatière carrée en poudre d'écaille ornée d'un bas-relief très-fin en terre cuite, Offrande.

373 — Bonbonnière de forme élevée, en nacre de perle et écaille alternés, montée en argent, le couvercle orné d'un petit buste en ivoire sculpté.

374 — Trois tabatières en buis sculpté, dont une à Jeux d'enfants, les autres à Concerts. (Pourront être vendues séparément.)

375 — Tabatière ovale en jaspe, recouvert dessus et dessous d'ornements découpés à jour, gravés et dorés.

376 — Tabatière ovale à cuvette, en agate orientale, montée à gorge en argent doré.

377 — Une tabatière forme contournée en prime d'améthyste, montée à gorge en argent gravé et doré.

378 — Tabatière ovale, à cuvette en jaspe rubané de Sibérie, montée à gorge en argent gravé et doré.

379 — Une tabatière carré-long, pans coupés, à cuvette, en manganèse rose de Russie, montée à gorge en argent ciselé, gravé et doré.

380 — Une tabatière ovale à cuvette, en quartz, montée à gorge en argent gravé et doré.

381 — Tabatière carrée, forme navette, en malachite, montée à gorge en bas or d'Italie; le couvercle orné d'un Mandarin en pierre de lard en relief.

382 — Grande tabatière ronde en porphyre rouge oriental, montée à gorge en doublé or, le couvercle enrichi d'une peinture sur émail de Saxe, rehaussée d'or et à figures.

383 — Tabatière ovale à cuvette en prime d'améthyste, montée à gorge en argent gravé et doré.

384 — Bonbonnière ronde à cuvette, en prime d'améthyste.

385 — Tabatière ovale à cuvette, en prime de grenat, montée à gorge en vermeil.

386 — Tabatière ovale à cuvette, en diallage, montée à gorge en cuivre doré.

387 — Grande tabatière de forme contournée et à cuvette en pudding, montée à gorge en cuivre doré.

388 — Tabatière carrée, pans coupés, en jaspe agate, montée à gorge en cuivre doré.

389 — Tabatière carrée, pans coupés en aventurine naturelle, montée à cage en cuivre doré.

390 — Drageoir octogone en aventurine de Venise, monté à gorge en argent.

391 — Tabatière ovale à cuvette, en aventurine de Venise, montée à gorge en cuivre doré.

392 — Tabatière ovale, en agate orientale, montée à gorge en cuivre doré.

393 — Tabatière ovale à cuvette, en jaspe de Sicile, montée à gorge en argent doré.

394 — Tabatière ovale, à cuvette, en bois pétrifié, montée à gorge en cuivre doré.

395 — Deux tabatières carré-long, pans coupés et à cuvettes, en granit et lumachelle, montées à gorge en cuivre doré.

396 — Tabatière carré-long, pans coupés, en agate d'Allemagne, montée à gorge en or.

397 — Tabatière carrée, en argent doré, ornée de deux plaques en bois pétrifié.

398 — Tabatière carrée, en agate blanche, montée à gorge en vermeil.

399 — Tabatière carrée à cuvette contournée, en agate orientale, montée à gorge en vermeil.

400 — Trois tabatières ovales et à cuvettes, en agate jaspée, montées en cuivre doré.

401 — Tabatière ronde, en Jaspe de Sicile, montée à gorge en bas or d'Italie.

402 — Tabatière ronde à cuvette, en labrador, montée à gorge en cuivre doré.

403 — Deux tabatières rondes à cuvettes, en jaspe agate ; dont une montée à gorge en vermeil.

404 — Petite bonbonnière en pétrification astroïtes, montée en bas or italien.

405 — Quatre boîtes rondes en lave, montées à gorges en argent et argent doré.

406 — Dix-sept tabatières carrées, ovales et rondes, à cuvettes, non montées, en agate orientale, aventurine fine et fausse, porphyre oriental, cristal de roche, marbre orbiculaire de Corse, etc. (Seront vendues par lots.)

CINQUIÈME VACATION

Le Vendredi 4 Février 1859.

Miniatures.

407 — Grande miniature carrée, sujet : l'Indiscrétion ; abbé caché derrière un paravent placé dans la chambre à coucher d'une dame, qui est prête à se faire administrer ce que Molière recommande à son malade imaginaire. Très-jolie composition de l'époque de Louis XV.

408 — Miniature forme carrée, réunion de cinq personnages, Acteurs de la comédie italienne, d'après Watteau.

409 — Inspection de nonnes très-légèrement vêtues, par la supérieure du couvent. Miniature à l'huile.

410 — Miniature ovale, Danaé, d'après le Titien.

411 — Miniature ovale sur hauteur, Baigneuse, cadre en bronze doré.

412 — Miniature ovale sur longueur, Danaé, dans la manière de Charlier.

413 — Miniature ovale, grisaille teintée d'une grande finesse, sujet intérieur, Homme et Femme couchés, par Klingstet. Cadre en bronze doré.

414 — Miniature ovale d'une très-grande finesse, Jeune Dame et son Nègre lui apportant une corbeille de fleurs, par Raymond Delafage, contemporain de Klingstet.

415 — Miniature ovale sur hauteur, grisaille teintée, Joseph et Putiphar, par Klingstet. Cadre à moulures en ébène.

416 — Miniature ovale sur hauteur, grisaille teintée, Vénus et l'Amour au bain, par Klingstet.

417 — Miniature ovale en longueur, grisaille teintée, la Main-Chaude, par Klingstet.

418 — Miniature ovale en longueur, peinture en grisaille, Joseph et Putiphar, dans la manière de Klingstet.

419 — Miniature ovale en longueur, grisaille teintée, Jeune Dame et son Nègre jouant avec un perroquet, par Raymond Delafage.

420 — Miniature carrée, grisaille teintée, Jeune Dame assise, pose très-gracieuse, par Raymond Delafage.

421 — Miniature carrée, grisaille teintée, Capucin et Religieuse.

422 — Miniature ronde gouachée, Ermite admirant une croix suspendue au cou d'une jeune paysanne.

423 — Miniature ronde, Satyre et Bacchante, par Barbiéri.

424 — Miniature ronde, Baigneuses, copie d'après Boucher.

425 — Miniature ronde, Jeune Femme assise sur un lit de repos.

426 — Miniature ronde gouachée, sujet mythologique.

427 — Miniature ronde gouachée, sujet allégorique, la Peinture répandant des fleurs sur le Temps.

428 — Miniature ronde gouachée, le Rat, sujet tiré des contes de La Fontaine. Cadre en bronze.

429 — Miniature, Hercule et Omphale, par G Emili. Cadre en bronze.

430 — Miniature carrée, Cuisinière à sa croisée vidant une casserole.

431 — Deux miniatures gouachées, Enlèvement de Déjanire, et Jupiter dans les nuages.

432 — Miniature ovale, Jeune Femme près d'un tronc d'arbre, dans la manière de Charlier. Cadre en bronze doré.

433 — Miniature carrée, gouachée, Jeune Femme et Berger admirant deux colombes. Cadre en bois doré.

434 — Miniature montée dans une broche, les Acteurs de la Comédie italienne, d'après Watteau.

435 — Miniature carrée, Jeune Femme et son Singe, signée Elin 1766.

436 — Miniature ronde, Jeune Femme se baignant, assise sur une escarpolette.

437 — Miniature carrée, Jeune Femme et deux Amours.

438 — Miniature gouachée, la place Saint-Marc de Venise, avec figures costumées, par Bissoni.

439 — Miniature ronde, le Marchand de plaisir, réunion de plusieurs personnages.

440 — Miniature ronde, l'Amour prisonnier; trois jeunes femmes enchaînant un enfant avec des roses.

441 — Miniature gouachée, Baigneuse dans un paysage à l'italienne. Cadre doré.

442 — Miniature sur verre opalin, copie d'après Berghem.

443 — Miniature, Vénus et deux Amours.

444 — Trois miniatures rondes: Amour traîné dans un char, Enlèvement d'Europe, sujet champêtre.

445 — Une aquarelle ronde, Monuments, par Nicolle, et une caricature, M. Bailly et le général Lafayette en coq et poule.

446 — Deux miniatures, Chasseur et sujet champêtre.

447 — Deux miniatures ovales dont une gouachée, Fête champêtre, dans la manière de Téniers, et Halte de cavaliers, d'après Wouwermans.

448 — Deux miniatures dont une ovale, sujet champêtre, dans un cadre carré en ébène, et une ronde, Réunion de chevaliers.

449 — Quatre miniatures gouachées, Vases contenant des fleurs, et Amour entouré de fleurs.

450 — Miniature, portrait du marquis de Seignelay, joli costume noir broché et rabat à jour. Cadre en bois doré.

451 — Miniature, portrait du duc de Lauzun, à grande perruque à la Louis XIV. Cadre en bois doré.

452 — Grande miniature ovale, portrait d'homme, riche costume Louis XIV, personnage inconnu.

453 — Miniature ovale, portrait de Lully, en riche costume époque Louis XIV, et jouant du violoncelle.

454 — Deux portraits d'hommes, costumes époque Louis XIV.

455 — Miniature carrée, portrait de Stanislas, roi de Pologne. Cadre en ébène à moulures.

456 — Deux miniatures gouachées, jolis portraits d'hommes, costumes Louis XIV.

457 — Deux miniatures, portraits d'hommes, dans des étuis en galuchat avec cloutage d'argent.

458 — Deux miniatures, portraits d'hommes, époque Louis XIV, dont l'un, portrait de Perrault.

459 — Deux miniatures, portraits d'hommes, époque Louis XIV.

460 — Deux miniatures, portraits d'ecclésiastiques.

461 — Deux miniatures, portraits d'hommes, costumes époque Louis XIV.

462 — Deux miniatures, portraits d'hommes, dont un, M. de Crosne, lieutenant de police.

463 — Trois miniatures, portraits d'hommes, dont Molière, Rameau et personnage inconnu, dans un étui en galuchat.

464 — Trois miniatures, portraits d'hommes, dont un monté dans un cadre en vermeil filigrané.

465 — Miniature, portrait du duc de Penthièvre.

466 — Miniature ronde, portrait d'homme, costume de grand seigneur, époque Louis XV.

467 — Deux miniatures, portraits d'hommes, époque Louis XV, dont un, Mozart, l'autre, Hall.

468 — Deux miniatures, portraits d'hommes, dont un à l'huile, Carrier et Louvet, conventionnels.

469 — Trois miniatures, portraits d'hommes, dont le chevalier Bonnard et Chénier.

470 — Trois miniatures, portraits d'hommes, dont Voltaire jeune, et Guichard, poëte,

471 — Trois miniatures, portraits d'hommes, époque Louis XV.

472 — Trois miniatures, portraits d'hommes, époques Louis XV et Directoire.

473 — Trois miniatures, portraits d'hommes, dont le cardinal de Rohan, cadres en bronze doré.

474 — Deux miniatures, portraits d'hommes, dont un, Lekain, l'autre, par Mansion.

475 — Cinq miniatures, portraits d'hommes, époques Louis XV et Directoire.

476 — Trois miniatures, portraits, dont Voyer d'Argenson, un moine du Saint-Bernard dans un étui en ivoire, et le duc de Sully dans un cadre en or émaillé.

477 — Miniature, portrait d'homme, peinture anglaise, montée dans un médaillon en or.

478 — Miniature, portrait de jeune femme, peinture anglaise, montée dans un médaillon en or.

479 — Treize miniatures, portraits d'hommes (seront vendues par lots).

480 — Deux miniatures rondes, portraits de femmes, dont une pinçant de la harpe.

481 — Trois portraits dont deux de femmes et un d'homme; Jacques II, la princesse d'Este sa femme, et Henriette de France, fille de Henri IV, mariée à Charles Ier.

482 — Deux miniatures, jolis portraits de femmes, Mme Dugazon, peint par Liénard, et Mlle Contat, par Singry.

483 — Trois miniatures, portraits de femmes.

484 — Trois miniatures, portraits de femmes, dont un attribué à Hall.

485 — Deux miniatures, Marie-Thérèse et Marie-Louise, impératrices.

486 — Trois miniatures, portraits de femmes, dont Mlle Dugazon de la Comédie Italienne.

487 — Deux jolies miniatures, portraits de femmes, dont une tenant un petit épagneul.

488 — Trois miniatures, portraits de femmes.

489 — Cinq jolies miniatures, portraits de femmes et d'enfants.

490 — Trois miniatures, portraits de femmes et d'enfant.

491 — Trois miniatures, portraits de femmes, par Bord, Guyard et autre.

492 — Trois miniatures, portraits de femmes, dont Hortense de Beauharnais, par Mlle Lizinka (Madame de Mirbel).

493 — Trois miniatures, madone, sainte Vierge, etc.

494 — Quatre miniatures, portraits de femmes, bacchantes, vestale et amour.

495 — Trois miniatures, portraits de femmes.

496 — Deux miniatures, portraits de femmes, dont une en costume de 93.

497 — Trois miniatures, portraits de femmes, dont un dans un étui doré.

498 — Trois miniatures, portraits de femmes, dont un dans un cadre en bronze doré.

499 — Quatre miniatures, portraits de femmes, époques diverses.

500 — Quatre miniatures, portraits d'homme, de femme et sujets divers.

501 — Trois miniatures, dont deux portraits de femmes et un portrait d'enfant.

502 — Trois miniatures, portraits de femmes, époque Louis XV.

503 — Quatre jolis petits portraits de femmes, époques Louis XV et Louis XVI.

504 — Trois miniatures, portraits de femmes, dont deux montés dans des cadres en bronze doré et un dans un cadre en strass.

505 — Quatre miniatures, portraits de femmes, époques diverses.

506 — Quatre miniatures, portraits de femmes, costumes et époques divers.

507 — Quatre miniatures, portraits de femmes et amour.

508 — Six petites miniatures, portraits, sujets, etc.

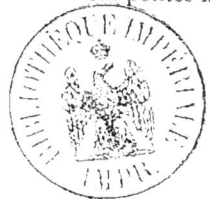

www.ingramcontent.com/pod-product-compliance
Lightning Source LLC
Chambersburg PA
CBHW071201240526
45470CB00017B/1089